Yves-Alexandre Thalmann

Caderno de exercícios para

viver livre e parar de se culpar

Ilustrações de Jean Augagneur

Tradução de Stephania Matousek

EDITORA VOZES

Petrópolis

© Éditions Jouvence S.A., 2011
Chemin du Guillon 20
Case 143
CH-1233 — Bernex
http://www.editions-jouvence.com
info@editions-jouvence.com

Tradução realizada a partir do original em francês intitulado
Petit cahier d'exercices pour vivre libre et cesser de culpabiliser

Direitos de publicação em língua portuguesa — Brasil:
2015, Editora Vozes Ltda.
Rua Frei Luís, 100
25689-900 Petrópolis, RJ
www.vozes.com.br
Brasil

Editoração: Gleisse Dias dos Reis Chies
Projeto gráfico: Éditions Jouvence
Arte-finalização: Sheilandre Desenv. Gráfico
Capa/ilustrações: Jean Augagneur
Arte-finalização: Editora Vozes

ISBN 978-85-326-4965-2 (Brasil)
ISBN 978-2-88353-930-3 (Suíça)

Este livro foi composto e impresso pela Editora Vozes Ltda.

Dados Internacionais de Catalogação na Publicação (CIP)
(Câmara Brasileira do Livro, SP, Brasil)

Thalmann, Yves-Alexandre
Caderno de exercícios para viver livre e parar de se culpar / Yves-Alexandre Thalmann ; ilustrações de Jean Augagneur ; tradução de Stephania Matousek. — Petrópolis, RJ : Vozes, 2015. — (Coleção Cadernos — Praticando o Bem-estar)

10ª reimpressão, 2023.

Título original : Petit cahier d'exercices pour vivre libre et cesser de culpabiliser
ISBN 978-85-326-4965-2

1. Culpa 2. Culpa - Aspectos psicológicos
I. Augagneur, Jean. II. Título.

15-00020   CDD-152.4

Índices para catálogo sistemático:
1. Culpa : Psicologia 152.4

A culpa!

Quem nunca sentiu sua terrível mordida? Um sentimento doloroso que vem sabotar os bons momentos da vida, uma velada impressão de malfeito, de ter feito mal.

A tal ponto que os sentimentos de culpa às vezes invadem nossa existência e estragam nosso bem-estar.

Mas a boa notícia é que é possível se livrar deles!

Foi com esse objetivo que este caderno de exercícios foi escrito. Atividades práticas, introspecções e conscientizações permeiam o caminho para superar e se liberar da culpa.

Pronto para dizer "Adeus!" à sua culpa?

Então, siga em frente!

Se eu não me sentisse culpado:

- Eu poderia aproveitar a minha cama e dormir até tarde quando não tivesse nenhuma obrigação.
- Eu poderia comprar aquele perfume que eu sonho em comprar há muito tempo, sem ter nenhum pretexto específico ou ficar com a consciência pesada.
- Eu poderia comer aquele docinho que eu tenho tanta vontade de comer.
- Eu poderia desfrutar dos bons momentos que a vida reserva para mim.

E você?

-

-

-

-

-

-

-

4

Quantos belos projetos!

Então, vamos tentar jogar um feitiço nessa maldita culpa!

Culpa não é vergonha

Vamos começar distinguindo vergonha e culpa, pois a forma de tratar esses dois sentimentos não é igual.

No quadro a seguir, anote três situações em que você teve vergonha e três situações em que você sentiu culpa.

Eu senti vergonha quando...

1.

2.

3.

Eu senti culpa quando...

1.

2.

3.

Que diferença você percebe?

A vergonha está associada à opinião dos outros e faz com que nós nos sintamos indignos, inferiores, e que pensemos não estarmos à altura, não sermos bons o suficiente.

- Eu fiquei com vergonha quando meu vizinho me pegou enfiando o dedo no nariz.
- Eu tenho vergonha de ter perdido meu emprego.

A culpa é consequência de um erro que cometemos ou de um dano que causamos a alguém.

- Eu me sinto culpado de ter atropelado um ciclista.
- Eu me culpo por deixar meu filho na frente da televisão para ter um pouco de calma.

Releia o que você escreveu no quadro anterior. Será que você não precisa trocar alguma situação de coluna? O que você enxergou como culpa talvez pareça mais vergonha e vice-versa. Se for o caso, desenhe uma seta com uma caneta para indicar essa mudança.

Exercício

Vergonha ou culpa?

a) Alberto foi solicitar seguro-desemprego após a falência da empresa na qual ele trabalhava.

b) Bernardo tem um carro pequeno, enquanto todos os seus amigos têm carros luxuosos.

c) Carlos não dá dinheiro a crianças que mendigam na rua.

d) Denise teve de aguentar a embriaguez de seu marido em uma festa de amigos seus.

e) Evandro trai sua esposa, que não sabe de nada.

f) Flávio bateu no seu filho para que ele obedecesse.

g) Gilberto não passou pela terceira vez na prova teórica para tirar carteira de motorista.

h) Helena acha que tem seios pequenos demais.

Respostas:

a) Alberto tem vergonha de sua situação, pois não consegue mais ganhar a vida como os outros.

b) Bernardo se considera inferior e, portanto, sente vergonha.

c) Carlos acha que está fazendo mal ao se recusar a dar esmola. Ele se culpa.

d) Denise tem vergonha de seu marido.

e) Evandro se culpa, pois sabe que está fazendo mal à sua esposa.

f) Flávio infringiu a regra que havia imposto a si mesmo: nunca bater em seus filhos. Ele se sente, portanto, culpado. Mas também pode se sentir com vergonha, se pensar que seus amigos sejam capazes de se controlar e não bater nos filhos. Ele não é igual a eles, não é tão bom quanto eles.

g) Gilberto está se comparando com os outros, que se dão melhor do que ele. Ele tem vergonha de si mesmo.

h) Helena fica se comparando com as outras mulheres e sente vergonha do tamanho do seu peito.

A culpa sadia

Nem todos os sentimentos de culpa são iguais! Alguns surgem devido a um <u>erro comprovado</u> ou um <u>dano real</u> causado a alguém. Fala-se então de **culpa sadia**.

Ela é como um guarda interior cuja função é:

- Incitar-nos a respeitar as regras em vigor e não pre-judicar ninguém.
- Punir-nos quando infringimos tais regras... através dos maus bocados pelos quais passamos quando fica-mos nos culpando.

- Culpa por ter roubado um objeto

- Culpa por ter causado um acidente

- Culpa por ter ferido alguém intencio-nalmente

Porém, também existe um segundo tipo de culpa, que surge sem que _nenhum erro objetivo_ tenha sido comprovado. Trata-se da **culpa mórbida**.

- Sentir-se culpado por não ir visitar seu pai ou sua mãe idosa no asilo.
- Sentir-se culpado por se sair melhor do que seus irmãos.
- Sentir-se culpado por colocar seu filho na creche para voltar a trabalhar.

A diferença entre ambos os tipos de culpa nem sempre é óbvia, como demonstra o exercício da próxima página.

Exercício

Está sendo cometido algum erro ou infração?
Será que a culpa é justificável?

	sim	não

a) Ana decide tomar a pílula abortiva dois dias após uma relação sexual sem proteção. ☐ ☐

b) Beatriz decide abortar após dois meses de gravidez por causa dos insistentes conselhos de seu médico. ☐ ☐

c) Cláudio está dirigindo a mais de 120km/h na rodovia e é praticamente o único motorista. ☐ ☐

d) Daniel desiste de ir ver sua mãe idosa, que mora em um asilo. ☐ ☐

e) Eric sonega algumas rendas de sua declaração fiscal. ☐ ☐

f) Fabiana é acusada por sua filha de preferir e favorecer seu filho. ☐ ☐

g) George não vacinou seu filho, que pegou uma doença por causa disso. ☐ ☐

h) Hélio vacinou seu filho, que teve uma forte reação por causa disso. ☐ ☐

i) Isabela atropelou um pedestre em uma faixa de pedestres. ☐ ☐

j) Jaqueline se recusa a comprar um brinquedinho que seu filho está pedindo no supermercado. ☐ ☐

Discussão

a) Ana poderia se sentir culpada tanto por ter tido uma relação sexual sem proteção quanto por recorrer à pílula abortiva. No entanto, não é uma infração no sentido legal do termo.

b) Beatriz segue as recomendações de seu médico. Nenhuma infração[1]. Ela pode, mesmo assim, alimentar sentimentos de culpa com relação a regras éticas ou preceitos religiosos.

c) Cláudio está claramente errado, embora seja muito provável que ele não esteja sentindo nenhuma culpa.

d) Daniel não está cometendo nenhum erro, mas pode, mesmo assim, sentir-se culpado por não cumprir seu dever de filho.

e) A infração aqui é comprovada, bem como o dano sofrido pela comunidade. Mas a culpa certamente não vai dar as caras!

f) Fabiana se deixa culpar por sua filha, mas provavelmente não está cometendo nenhuma discriminação e, portanto, nenhum erro.

g) George se sentirá culpado por sua escolha. Como a vacinação não era obrigatória, ele não cometeu erro nenhum.

h) Os médicos tranquilizarão Hélio com relação ao bom-senso de sua decisão. Mas ele certamente se culpará, tendo em vista o dano causado ao seu filho.

i) Isabela cometeu um crime com base na legislação de trânsito. Ela é objetivamente culpada.

j) Jaqueline não somente não está cometendo nenhum erro, como também está exercendo corretamente seu papel de mãe. Apesar de tudo, ela pode sentir culpa por causa disso!

11

---

1 Lembremos que, no Brasil, o aborto é considerado crime pelo Código Penal. Os únicos casos em que ele é legal são quando há risco de vida para a gestante, quando a gravidez é resultante de estupro ou se o feto for anencefálico (desde a Arguição de Descumprimento de Preceito Fundamental n. 54, decidida pelo Superior Tribunal Federal) [N.T.].

Saiba fugir dos culpabilizadores!

A culpa é um poderoso mecanismo para manipular os indivíduos. Certas pessoas usam essa tática para exercer poder e obter o que elas querem dos outros.

 **Um culpabilizador tenta nos fazer acreditar que a nossa culpa é justificável, no intuito de se aproveitar de nós!**

Retrato do culpabilizador:

✓ Ele reclama frequentemente.
✓ Sabe falar bonito e jogar charme (facultativo).
✓ É querido de forma geral.

- ✓ A culpa nunca é dele quando as coisas dão errado.
- ✓ Ele faz você acreditar que a culpa é **sua** quando nada está bem.
- ✓ Ele faz você pensar que a felicidade dele está nas suas mãos.
- ✓ Ele não acusa você diretamente, mas sim de modo enviesado e sutil.
- ✓ Você se sente culpado na presença dele.
- ✓ Você tem a impressão de fazer tudo errado.
- ✓ Você tenta mudar para satisfazê-lo.
- ✓ Você se culpa.

Vamos aprender a fugir dessas personagens!

Constatação:

Não é refletindo sobre a natureza do erro que você vai conseguir se liberar da culpa mórbida.

Há tantas regras que quase sempre é possível encontrar 13 alguma para censurar um comportamento que reprovamos.

Regra moral
Não se deve prejudicar ninguém voluntariamente.

Regra religiosa
É preciso rezar todo dia e ir à missa todo domingo.

Regra comunitária
É preciso ser solidário no seu bairro.

Regra familiar
Não se deve desabafar sobre seus problemas, mas sim se mostrar forte.

Regra pessoal
Eu tenho de me controlar sempre – Eu tenho de ser sempre generoso.

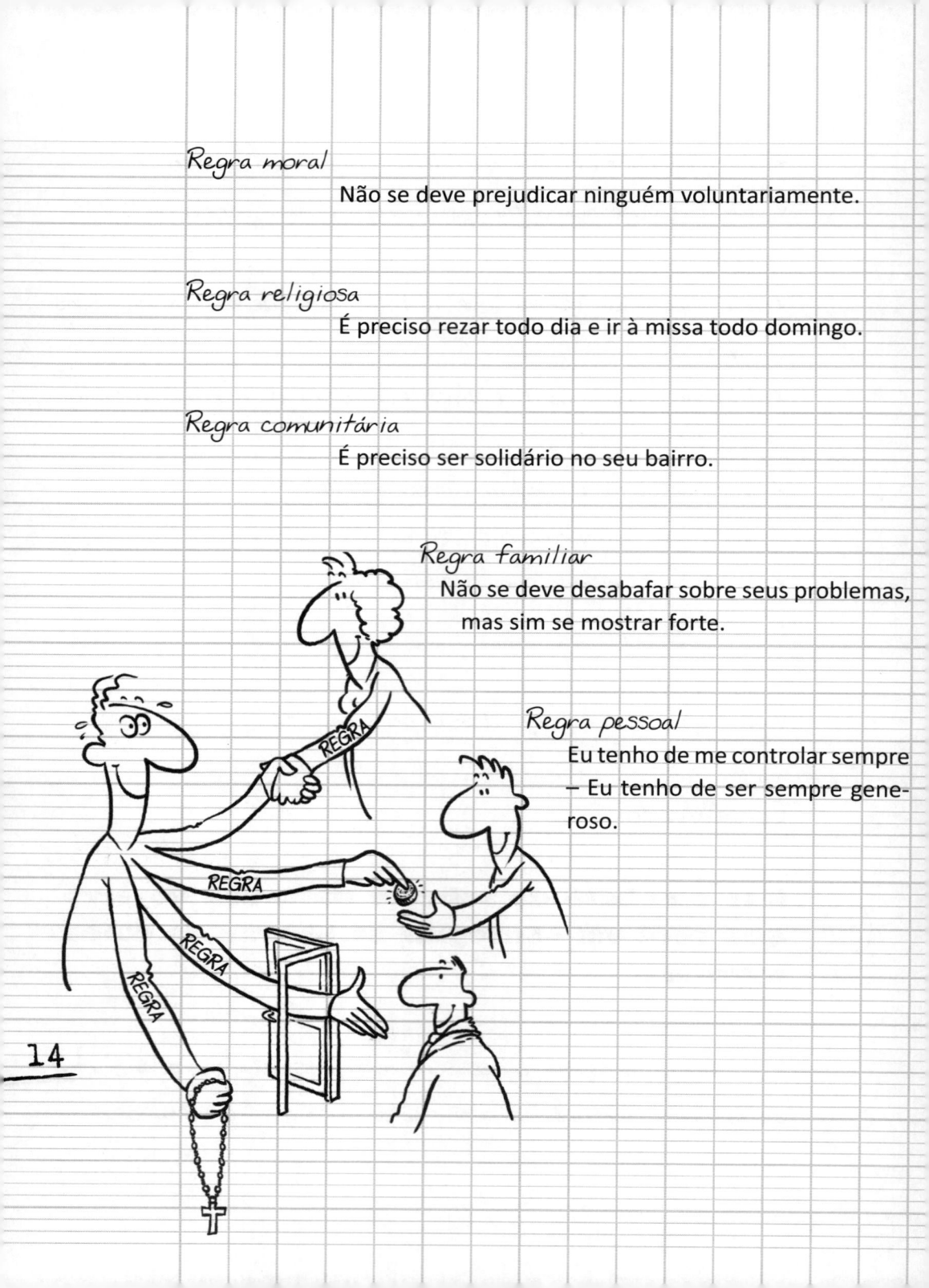

14

Identifique algumas regras pessoais que você procura seguir, mas que não impliquem erro objetivo em caso de transgressão:

-
-
-
-
-
-
-
-
-
-
-
-

Anote no espaço abaixo algumas de suas culpas mórbidas.

Caderno de introspecção

Eu me condeno por,...

...ter decidido passar férias com a minha família em um lugar onde choveu o tempo todo.

E, no entanto, não foi culpa minha.

Entender a culpa mórbida

A culpa mórbida surge em situações em que _pensamos_ que vamos deixar os outros tristes.

- Meu pai ficará triste se eu não for visitá-lo.

- Meu filho ficará triste se eu colocá-lo na creche.

- Meu interlocutor ficará chateado se eu lhe disser não.

Identifique situações em que você se sente culpado. Escreva quem ficará (ou já está) triste por sua causa e por quê.

-

-

-

-

-

-

É culpa minha, é culpa minha, é culpa minha e só minha!

Porém, será que realmente somos capazes de deixar os outros tristes?

Vamos refletir sobre nós mesmos para começar.

Será que alguém pode me deixar feliz?

- Sim, eu fico feliz quando alguém diz que gosta de mim, quando alguém me dá um presente, quando alguém me elogia...

- Sim, mas, se alguém de quem eu não gosto ficar repetindo o tempo todo que gosta de mim, se eu receber um presente de grego ou se alguém tentar me bajular, eu não fico feliz.

Na verdade, não é a situação ou as ações dos outros que me deixam feliz, mas sim eu mesmo e o que eu penso delas.

Da mesma forma, será que alguém pode me deixar triste?

- Eu ficaria tão mais feliz se o meu vizinho parasse de ser chato.

- São as constantes críticas do meu chefe que me deixam infeliz.

Anote algumas situações em que você *acha* que está triste por causa dos outros:

-

-

-

-

-

-

Agora, releia as situações que você anotou e pense em um comportamento que você poderia adotar para não ficar mais triste.

Eu posso evitar cruzar com o meu vizinho e, sobretudo, não dar importância ao mau humor dele.

No pior dos casos, posso mudar de emprego.

🖉 Agora é com você:

. . . .
. . . .
. . . .
. . . .
. . . .
. . . .
. . . .

Conclusão:

Segundo o mesmo princípio, é impossível os outros deixarem você triste (eles podem, no máximo, contribuir para a sua tristeza, se você assim permitir!).

Imagine que um indivíduo decidisse insultar Jesus, Buda, a Madre Teresa ou o Dalai Lama.

Você acha que eles seriam atingidos ou ficariam ofendidos por causa disso?

"A felicidade é uma construção que se alimenta de ações e decisões."

Christophe André

É muito tentador nos convencermos de que são os outros que nos deixam infelizes, pois assim podemos nos fazer de vítimas.

- Se você soubesse como é difícil conviver com meu marido! Sempre reclamando...
- Não posso fazer nada se as outras crianças não querem brincar comigo!
- É culpa dos meus pais – eles nunca estiveram presentes quando eu precisei deles!

Anote nesta página as frases que você diz e que o colocam no papel de vítima:

-

-

-

-

-

Depois, risque-as e reescreva-as, começando com "eu decidi...":

- Eu decidi ficar com esse homem, porque eu o amo apesar de tudo.

- Eu decidi (até agora) ficar isolado, porque não sei como me entrosar com as outras crianças.

- Eu decidi fazer uma psicoterapia para melhorar.

-

-

-

-

-

-

-

Detectar a culpabilização

Assim como às vezes nos comprazemos bancando as vítimas, os outros também gostam de se fazer de vítimas, isto é, fazer com que nós carreguemos o peso das _decisões deles_. Eles nos tornam então responsáveis por elas: eles nos culpabilizam.

> ## Definição do dicionário:
> Culpabilizar - tornar responsável

Você me irrita.
Você vai me fazer ficar doente.
É culpa sua se eu como tanto.
Por sua causa, eu não pratico mais esporte.

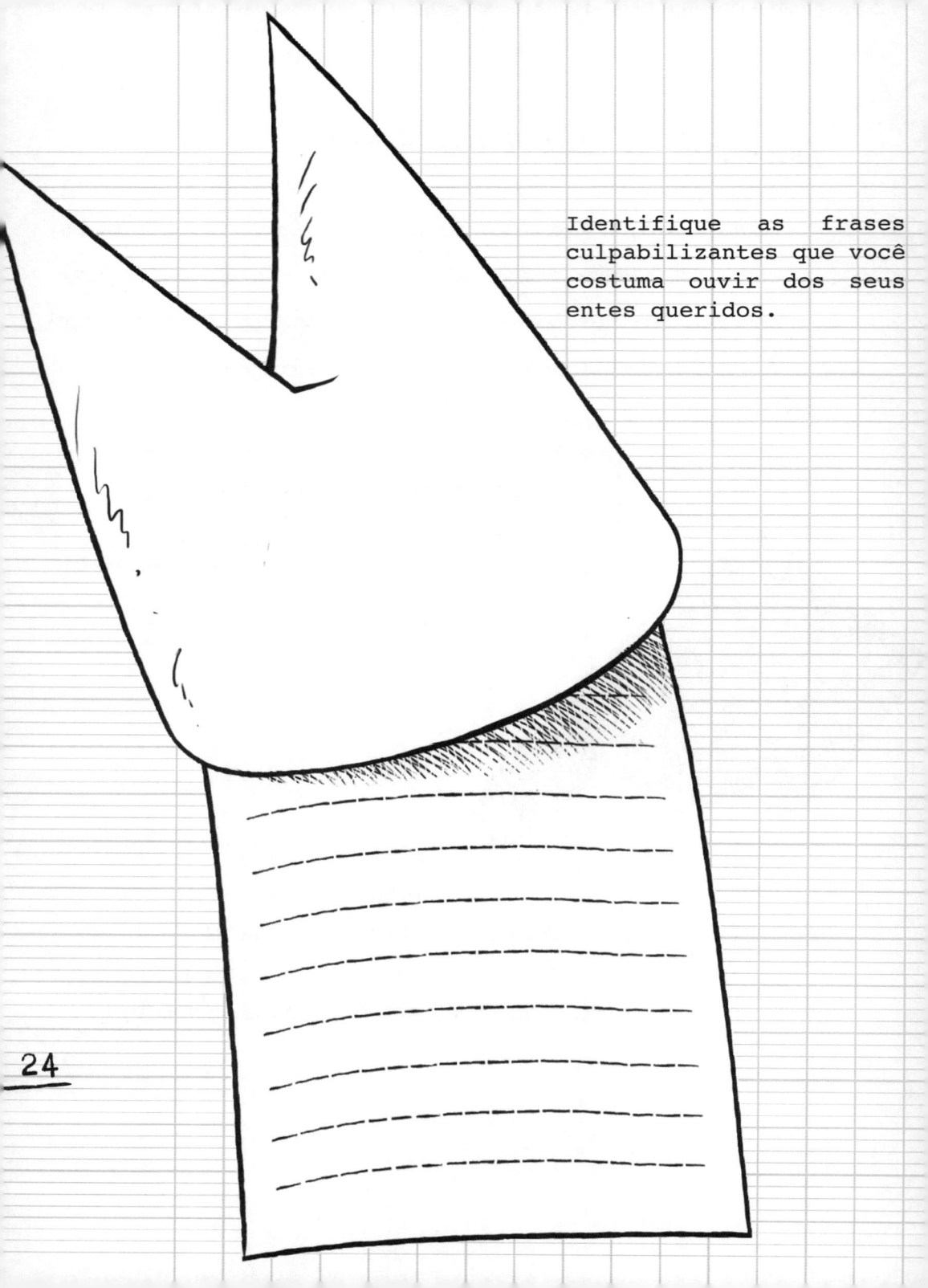

Identifique as frases
culpabilizantes que você
costuma ouvir dos seus
entes queridos.

Da próxima vez que você ouvi-las, responda:

"Essa é a sua maneira de enxergar as coisas".
"Eu entendo que você esteja decepcionado (irritado, chateado, aborrecido), mas eu não tenho culpa disso".

Lembre-se: para que uma vítima exista, é preciso *necessariamente* um carrasco!

Quando alguém se faz de vítima, uma outra pessoa deve se culpar:

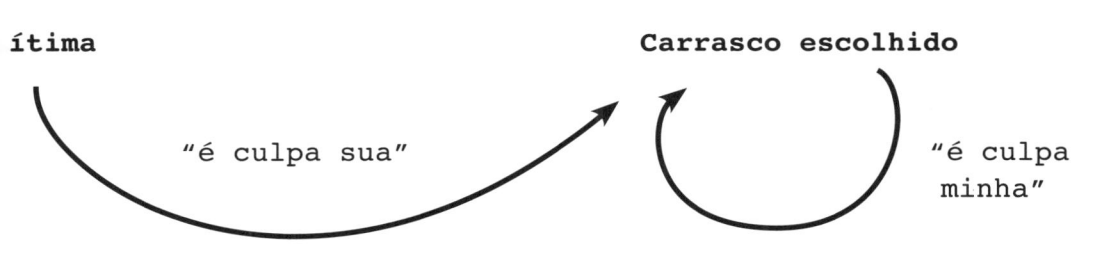

ítima   **Carrasco escolhido**

"é culpa sua"   "é culpa minha"

Transferência de responsabilidade   Culpabilização

Cuidado: não confunda a **posição** de vítima (bancar a vítima para culpabilizar os outros) e o **estado** de vítima (ter realmente sofrido um prejuízo)!

Mas a recíproca é verdadeira:

Quando alguém fica se culpando, outra pessoa se torna vítima, ou seja, impotente.

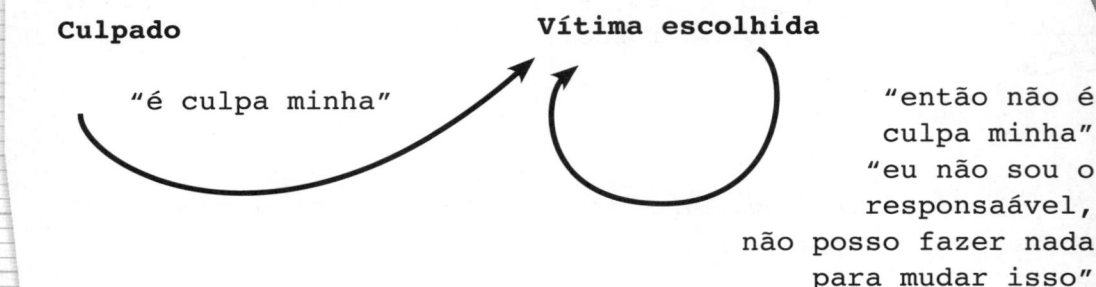

Culpado

"é culpa minha"

Vítima escolhida

"então não é culpa minha"
"eu não sou o responsaável,
não posso fazer nada
para mudar isso"

Culpabilizar-se é tirar o poder de decisão dos outros e negar o livre-arbítrio deles.

História real

Michel tem horários irregulares no trabalho. Ele fez um acordo com sua esposa: ele lhe diz onde vai trabalhar e quando vai terminar sua atividade (mas não pode lhe dizer exatamente que horas vai voltar para casa, pois não pode prever o trânsito).
Uma noite, ele chega em casa uma hora atrasado. Sua esposa está aborrecida por não ter sido avisada.

Pergunta: Quem é responsável pela raiva da patroa?

Sua resposta: . . . .

É ela própria. O marido não desrespeitou absolutamente em nada o acordo que eles haviam estabelecido.

Ainda aborrecida, a esposa lhe pergunta: "Se você pudesse voltar no tempo, você teria me ligado, tendo visto a preocupação em que eu fiquei?" Resposta do marido: "Não necessariamente!"

Pergunta: Por que essa resposta é sensata?

Sua análise:

. . . .
. . . .
. . . .
. . . .

O marido não assume a responsabilidade dos sentimentos de sua mulher. Se ele fizesse isso, estaria infantilizando-a, demonstrando que ela não é capaz de lidar com suas preocupações sozinha. Respondendo do jeito que ele respondeu, ele corre o risco de irritá-la ainda mais, mas permite que ela seja dona de suas reações e, portanto, livre para mudá-las.

Aliás, podemos nos perguntar por que ela própria não ligou para o marido, quando viu que ele estava atrasado...

"Ah, eu não queria incomodá-lo..." Portanto, ela bem havia tomado uma decisão.

Observação:

- A esposa não fez nenhum pedido ao marido ("eu gostaria que você me ligasse quando fosse chegar atrasado"): é por isso que ele lhe responde assim.
- Não se deve pensar que o marido não está nem aí para o que sua mulher está sentindo. Ele simplesmente distingue o fato de **assumir a responsabilidade** e o de **levar em consideração**. A raiva e a preocupação dela o comovem, mas nem por isso ele se sente responsável por essas emoções.

Caderno de introspecção

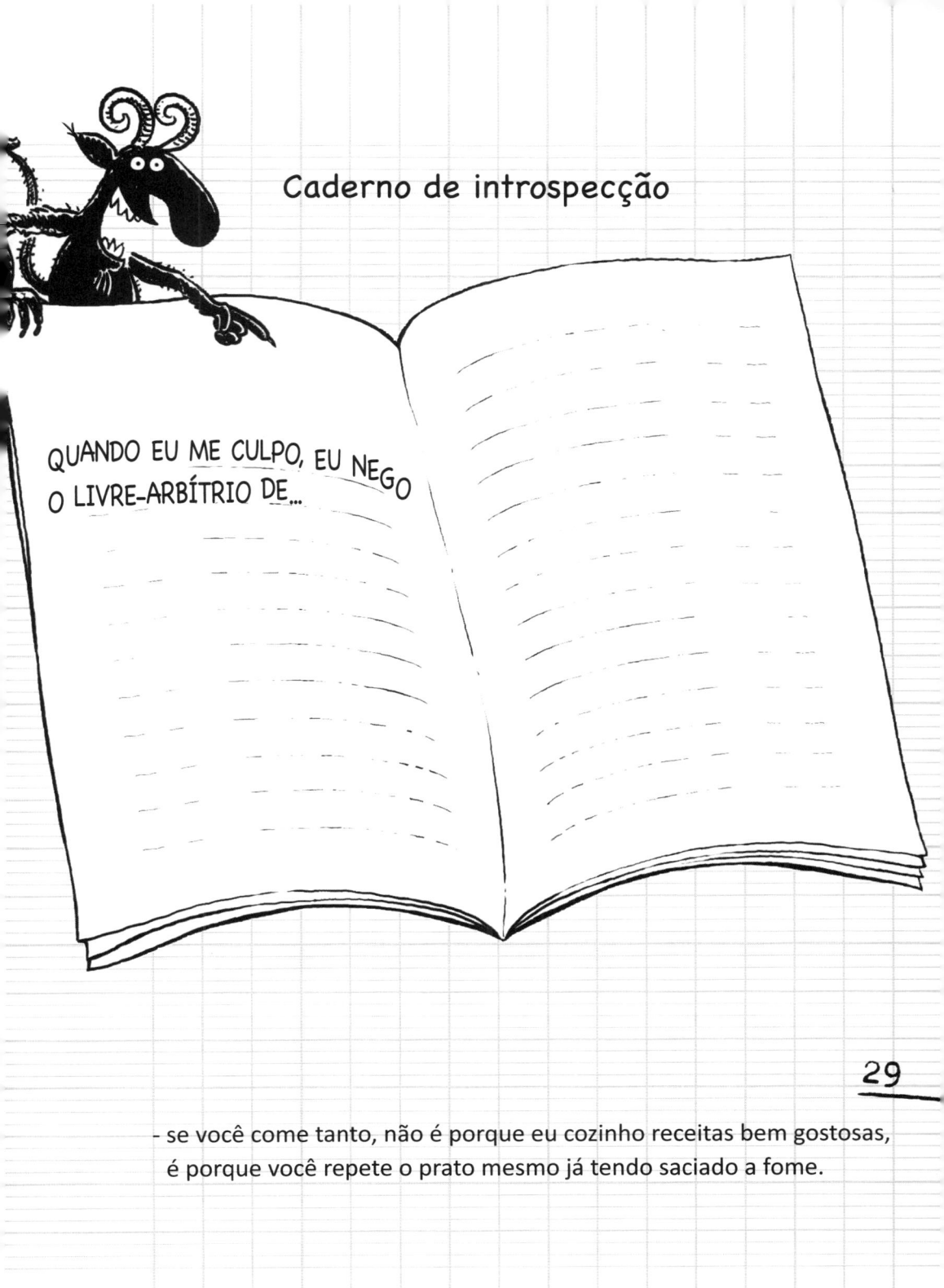

QUANDO EU ME CULPO, EU NEGO O LIVRE-ARBÍTRIO DE...

- se você come tanto, não é porque eu cozinho receitas bem gostosas, é porque você repete o prato mesmo já tendo saciado a fome.

Exercício

Situação: Uma mãe idosa pede para seu filho levá-la de carro até a casa de uma amiga, pois ela não tem nenhum meio de transporte. Pois bem, o filho tinha outros planos naquela hora. Assim, ele recusa fazer esse favor. Sua mãe então diz: "Você bem podia me fazer esse favorzinho. Você sabe que eu não tenho carro. Eu já não costumo sair muito e não queria ter de desistir dessa visita. Pense em todas as vezes em que eu me sacrifiquei por você quando você era pequeno...". O filho se culpa e cede, a contragosto.

De onde vem essa culpa? O filho acha que será responsável pela tristeza de sua mãe se não atender ao pedido dela. Ora, **quem decide o que** nessa situação?

Decisões do filho:	Decisões da mãe:
–	–
–	–
–	–
	–
	–
	–
(Tem muito mais)	–
	–

Respostas:

O filho pode decidir levar ou, ao contrário, não levar sua mãe.

A mãe, por sua vez, **decide** ir encontrar uma amiga em determinado momento. Ela **escolhe** como solução pedir carona ao filho. Além disso, ela **decide** que não irá visitar a tal da amiga e nem em outra hora. Para aumentar suas chances, ela **decide** botar pressão no filho (culpando-o). Ela também **deci-de** desistir da visita se o filho não levá-la ao destino e, por fim, **decide** mostrar abertamente ao filho sua tristeza e infelicidade se a visita não puder ser feita.

Porém, em cada etapa, essa mulher poderia decidir outra coisa, com outras consequências, como por exemplo:

- Pegar transporte público.

⇨ Resultado: ela pode, mesmo assim, ir visitar sua amiga.

Continue:

-

⇨

-

⇨

-

⇨

Em forma de quadro

Decisão	Resultado	Decisão alternativa	Resultado alternativo
Ir encontrar uma amiga naquela hora.	O filho tem de modificar sua agenda.	Adiar a visita.	O filho pode dar um jeito e combinar de levá-la.
Pedir para o filho levá-la de carro.	O filho tem de ficar à disposição da mãe.	Utilizar outro meio de transporte: pedir para outra pessoa, chamar um táxi, pegar transporte público, mudar o lugar do encontro.	O filho fica liberado da obrigação.

Desistir da visita se o filho não ajudá-la.	O filho fica sob pressão: sem ele, nada de visita.	Ir mesmo assim à casa da amiga, mas de outra forma.	O filho tira dos ombros o peso da situação.
Mostrar tristeza ao filho caso ele recuse.	O filho vê o sofrimento da mãe.	Esconder sua insatisfação, em vez de manifestá-la.	O filho fica com a consciência tranquila.

Podemos constatar que cada decisão da mãe pode ser substituída por uma outra, que provoca consequências completamente diferentes para o filho. São, de fato, as escolhas da mãe que determinam a sucessão dos acontecimentos, e não as escolhas do filho.

ÔNIBUS

Em forma de esquema:

Recusa do filho ⟶ Tristeza da mãe

Porém:

Recusa do filho ⟶ Tristeza da mãe

Decisões da mãe

Por conseguinte, as **verdadeiras causas** da tristeza da mãe são suas próprias decisões, e não as de seu filho! No fim das contas, o filho não tem o poder de deixar sua mãe feliz ou infeliz.

Nós somos os únicos que podemos decidir sermos felizes ou infelizes.

Copie esta frase com as cores do arco-íris nesta página. Ela é tão libertadora!

Exercício

Quem é que decide qual reação emocional é provocada?

Você não deve ser minha verdadeira mãe. A minha verdadeira mãe, sim, teria comprado para mim!

a) Alicinha faz birra quando a mamãe se recusa a comprar um brinquedinho.

b) Bernardo acusa sua mulher de deixá-lo de lado para sair com suas amigas.

c) Carlos diz à sua ex-noiva que ela partiu seu coração quando foi embora.

d) Davi está contente com as boas notas de seu filho na escola.

e) Eliza se aborrece porque seu filho adolescente não respeitou a hora de voltar para casa.

f) Francisca fica alegre com a ótima atmosfera que reina no escritório.

g) Gilmar se irrita quando seus alunos não fazem os deveres de casa.

h) Heitor tem muito ciúme de sua mulher, sobretudo quando ela conversa com outros homens.

Respostas:

Você já entendeu: é sempre a pessoa que decide quem é responsável pelas consequências (neste caso, pela emoção sentida). Alicinha poderia não chorar; Bernardo poderia ficar um tempinho assistindo à televisão sozinho; Carlos, aderir ao ditado "Nada como um novo amor para esquecer o antigo amor"; Davi decide dar importância ao desempenho escolar de seus filhos; Eliza poderia chamar a polícia ou dormir tranquilamente; Francisca, não ligar para a atmosfera do escritório; Gilmar punir seus alunos sem se irritar; e Heitor, não considerar os amigos de sua mulher como uma ameaça para o casal.

Agora está na sua vez!

Nas situações em que você sentir culpa, faça uma lista das escolhas feitas pela outra pessoa e depois imagine algumas decisões alternativas que ela poderia tomar.

Situação	Escolhas	Decisões alternativas

Estou numa indecisão...

É porque somos seres livres que podemos escolher.

É porque escolhemos que somos responsáveis por nossas decisões.

O mesmo vale para quase todas as emoções que sentimos:

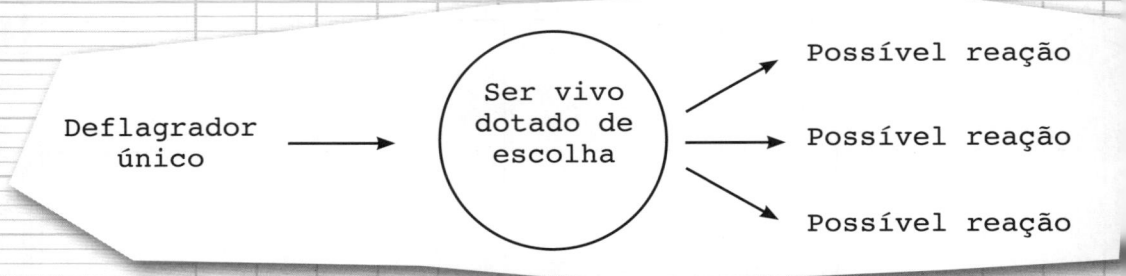

Deflagrador único → Ser vivo dotado de escolha → Possível reação / Possível reação / Possível reação

Portanto, não é o deflagrador que determina a emoção, mas sim a escolha da pessoa envolvida!

- Não é a retenção no trânsito que me irrita, mas sim a inaceitável ideia do atraso.

- Não é o tempo feio que está fazendo que me deprime, mas sim a minha forma de considerar o céu nublado.

5 min
de atraso

"O que perturba os homens não são as coisas, mas sim as opiniões que eles têm delas."

Epiteto

Você acha que não é assim? Que são os outros que causam as nossas emoções?

Reflita sobre as consequências que isso provocaria:

- Ficaríamos à mercê dos outros, seríamos como marionetes nas mãos deles. Eles poderiam nos irritar ou entristecer à vontade.

- Seria impossível aprender a lidar com nossas emoções (adeus à inteligência emocional!).

- Os juízes teriam de acatar circunstâncias atenuantes em todos os crimes em que interferem emoções ("eu o agredi porque ele me irritou!").

37

Chave de repartição das responsabilidades

Todas essas conscientizações permitem compreender que:

Em relacionamentos sadios e equitativos **entre adultos livres e responsáveis (justamente),**

cada um deve ser considerado como responsável por seus próprios atos, pensamentos e emoções.

Eu sou
100%
responsável
pelo que eu faço
pelo que eu digo
pelo que eu penso
pelo que eu sinto

O outro é
100%
responsável
pelo que ele faz
pelo que ele diz
pelo que ele pensa
pelo que ele sente

Reserve um tempinho para meditar sobre essa chave de repartição.

Ela talvez seja o contrário do que lhe foi inculcado pela sua educação.

Talvez esteja na hora de começar uma reeducação!

Esta página está vazia. Coloque aqui todos os contra-argumentos que você encontrar e que possam contradizer a chave de repartição apresentada.

- Eu acredito que sou responsável pelas decisões dos outros porque...

- Se eu insultar alguém, ele ficará ofendido — isso é um fato!

-

-

-

-

-

-

Depois, risque todos os argumentos que, após uma reflexão profunda, não fazem sentido!

39

Se ainda restar algum, você pode enviá-lo ao autor, que tentará discuti-lo.

Endereço de e-mail: ya@yathalmann.ch

Um mundo de egoístas?

Então, será que todo mundo só deve pensar no seu próprio umbigo?

Não, claro que não... Nós também dividimos responsabilidades, mas somente no que diz respeito aos relacionamentos.

Esfera individual

Eu sou
100%
responsável
pelo que eu faço
pelo que eu digo
pelo que eu penso
pelo que eu sinto

NÃO É CULPA MINHA

O outro é
100%
responsável
pelo que ele faz
pelo que ele diz
pelo que ele pensa
pelo que ele sente

Nós somos corresponsáveis
pelo relacionamento

Esfera relacional
- Eu sou corresponsável pela atmosfera que reina no escritório, mas

não pelo mau humor do meu colega.

- Eu sou corresponsável pela proteção do meio ambiente.

- Eu sou corresponsável pelo estado da sociedade atual.

Objeção, Meritíssimo!

"O réu é um verdadeiro facínora! Tudo ia bem antes de sua chegada ao escritório. Ele manipulou todo mundo e fez a cabeça de uns contra os outros. Foi ele – e somente ele – que degradou a atmosfera de trabalho... Chamamos esse tipo de personagem de facínora narcisista!"

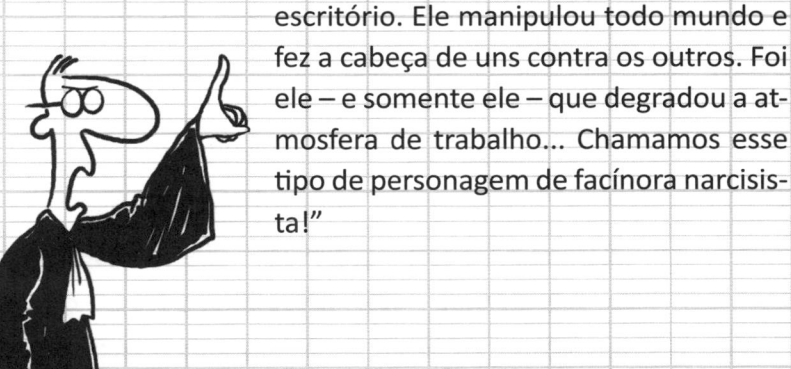

E como ficam os colegas que **aceitaram** se deixar influenciar, escutá-lo e agir de acordo com ele?

"Eu sou vítima das decisões catastróficas do governo do meu país, que não assinou os acordos de Kyoto e continua apostando na energia nuclear. Portanto, eu não sou corresponsável por isso!"

*E como ficam as minhas **escolhas pessoais** de andar de carro e comprar aparelhos que consomem muita eletricidade?*

"Eu educo meus filhos da melhor forma possível, mas não posso fazer nada com os filhos dos outros!"

*Não está **em meu poder** pedir para outras crianças respeitarem a limpeza das ruas e as regras em vigor, bem como interferir em caso de transgressão?*

Negar sua parte de corresponsabilidade é abdicar de uma parte do seu poder de ação... e, portanto, oferecê-la aos outros!

Exercício

Responsabilidade individual ou coletiva?

a) O vizinho ficou zangado com você, porque você deixou os galhos da sua macieira crescerem, o que acabou fazendo um pouco de sombra no quintal dele.

b) O clima do bairro ficou pesado depois de uma briga.

c) Você está com ciúmes, pois seu cônjuge gosta de conversar com o novo colega dele.

d) Você quebrou a pá que o seu vizinho lhe havia emprestado.

e) O relacionamento entre você e o seu filho adolescente está muito tenso.

f) Você acabou gritando de tanto que se irritou por causa do comportamento do seu filho adolescente.

Respostas:

a) O vizinho é responsável pela raiva dele, e você, pela sua macieira. Porém, cada um deve fazer a sua parte para que a convivência seja agradável.

b) Responsabilidade coletiva, é claro.

c) O ciúme é problema seu. O seu cônjuge, nesse caso, não tem nada a ver com isso.

d) Cabe a você consertar, pois você é totalmente responsável pelos seus atos.

e) Sozinho, você não conseguirá melhorar o relacionamento: seu filho tem de contribuir.

f) Sua raiva lhe pertence. Cabe a você aprender a expressá-la de outro jeito.

Pausa para relaxar

Já fizemos muita coisa!

Muitas certezas suas talvez tenham ido pelos ares. Você talvez esteja desestabilizado.

Feche o seu caderno de exercícios e tire um momento para relaxar e se deleitar.

Uma caminhada na floresta.

Um bom banho quente.

Um filme na televisão ou no cinema.

Escreva aqui o que lhe dá prazer pessoalmente:

-

-

-

-

-

-

-

-

-

-

-

-

Mas sem consciência pesada, nem culpa!

O prazer que você sentir não vai tirar pedaço de ninguém!

Culpa: algo que nos impede de aproveitar os bons momentos!

Você já reparou? A culpa vem chegando de mansinho justamente quando estamos nos deleitando.

- Como você se atreve a tomar um banho de banheira, enquanto outros não têm nem água corrente e o aquecimento global está aumentando demais?

- Em vez de gastar dinheiro com uma roupa nova de que você não precisa, você poderia tê-lo doado a alguma obra caritativa que realmente estivesse necessitando!

- O coitado do seu pai está sozinho no asilo, enquanto a sua única preocupação é assistir a um seriado na televisão!

Você já reparou? (bis) Quando nos culpamos, temos tendência a falar conosco mesmos na segunda pessoa, usando o **você**!

É como se o juiz que existe dentro de nós criticasse uma outra parte de nós mesmos, como em um processo interior...

Quais são as frases que você se diz mentalmente quando está se culpando?

Pare de alimentar essas frases autoculpabilizantes e decida assumir o fato de se deleitar.

Anote nesta página todas as permissões que você vai decidir **agora** conceder a si mesmo.

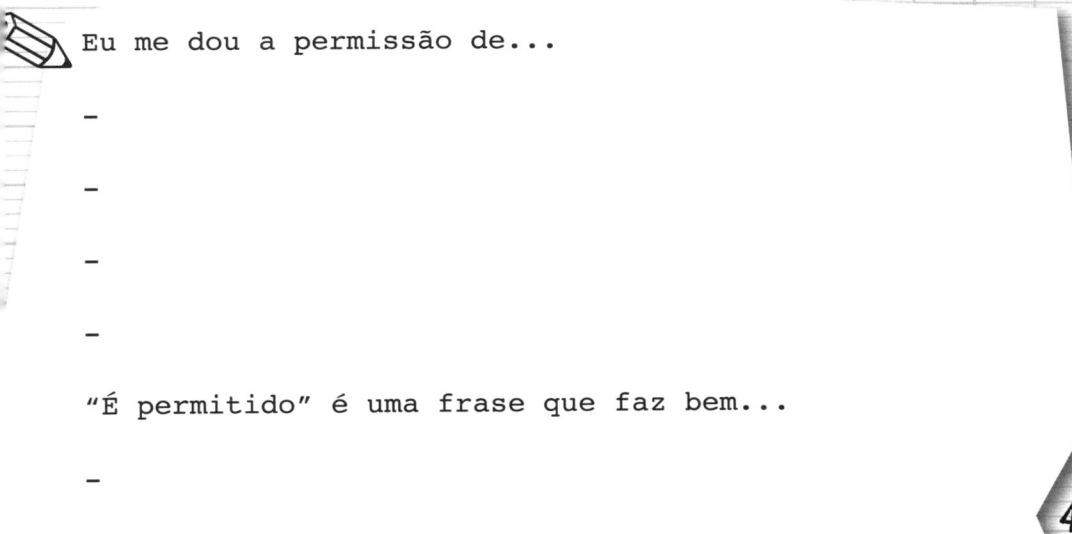

Para mim, é um prazer tomar esse banho quente. Não estou exagerando ao encher a banheira uma ou duas vezes por mês... Eu me permito, portanto, apreciar esses momentos de relaxamento.

Eu me dou a permissão de...

-

-

-

-

"É permitido" é uma frase que faz bem...

-

-

-

-

47

Como é bom se sentir culpado!

O quê? Quem ousa afirmar que é bom se culpar? É um tormento, nada além disso...

Não se engane!

Lembrete: Ainda estamos falando de culpa mórbida, quando nenhum erro objetivo foi cometido!

Quem se culpa acha que poderia ter mudado a ordem dos acontecimentos, que isso estava em seu poder. Fazendo isso, ele ou ela nega mais uma vez o livre-arbítrio e as responsabilidades dos outros quanto às decisões deles.

- Se eu tivesse ido visitar meu pai no asilo, ele teria ficado feliz a tarde inteira!

- Mas ele também poderia ficar feliz sem mim ou infeliz comigo!

- Na verdade, o estado afetivo dele não depende de mim...

- Mesmo com a maior boa vontade do mundo, eu não conseguirei deixá-lo feliz se ele não tiver decidido se alegrar...

 **É reconfortante pensar que com certeza podemos fazer os outros felizes.**

Fazer os outros felizes ou infelizes – o que é isso, senão um sentimento de onipotência?

> *"A culpa se funda em um sentimento de onipotência ilusório."*
>
> Jacques Salomé

Cabe a você determinar se a sua culpa esconde um sentimento de onipotência ou não!

49

- Eu me culpo pelo alcoolismo do meu cônjuge.

Onipotência ilusória → Eu poderia fazê-lo parar de beber, independentemente da vontade dele.

- Eu me culpo por ter colocado meu filho na creche.

Onipotência ilusória → Eu poderia fazê-lo se desenvolver perfeitamente bem se eu cuidasse dele 24 horas por dia.

- Eu me culpo por ser mais bem-sucedido do que a minha irmã.

Onipotência ilusória → Eu poderia deixá-la mais feliz se eu mesmo fosse menos feliz.

- Eu me culpo por ter colocado meu pai ou minha mãe idosos em um asilo.

Onipotência ilusória → Eu poderia fazê-lo(a) feliz pelo restante de seus dias levando-o(a) para morar comigo.

Isso mesmo...

Culpa e onipotência estão intrinsecamente ligadas, assim como ambas as faces de uma mesma moeda!

Culpar-se é reescrever o passado, colocando-se no papel principal. Como é angustiante nos conscientizarmos de que somos apenas figurantes no drama que está sendo encenado... mas é tão desculpabilizante!

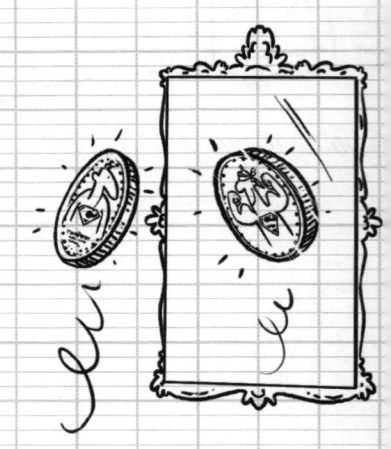

Faça uma cara mais de culpa!

Ação!

Ao nos dar um sentimento de controle sobre o que acontece, a culpa nos reconforta. É por isso que é tão difícil se desvencilhar dela.

52

Redação

Escreva um texto sobre o tema:

Culpar-se é uma forma de não fazer um luto e adiar o sofrimento face ao inevitável.

Você está disposto a rejeitar esse sentimento de onipotência ilusória?

A assumir que as coisas fogem ao seu controle parcialmente?

A se confrontar com a angústia?

Então, vá para a próxima página!

Quanto mais medo a gente tem, mais a gente busca controlar.

Teste de realidade (a repetir até dizer chega!)

Escolha uma situação de culpa que você deseja mudar.

-

Anote o que você costuma fazer para diminuir o seu mal-estar.
(por exemplo: telefonar para o meu pai quando eu não vou visitá-lo)

-

Decisão: **vou experimentar outro comportamento, que não seja ditado pela minha culpa.**
(por exemplo: não vou telefonar e vou ver o que vai acontecer na realidade)

-

Conclusão (depois dos fatos):

-

Que lição eu tirei disso tudo:

-

**Não, eu não sou todo-poderoso!
O que os outros vivem depende mais deles
mesmos do que de mim!**

Está na hora de se liberar da culpa **mórbida**

Para abandonarmos a ilusória, mas reconfortante onipotência, precisamos devolver aos outros suas próprias responsabilidades. Para isso, é importante entendermos bem que suas reações e emoções resultam de suas decisões, e não dos nossos atos. Utilize o quadro a seguir:

Situação em que eu me sinto culpado	O que eu deveria ter feito	Com que objetivo?	O objetivo visado depende inteiramente de mim?	No fim das contas, será que eu sou responsável por alguma coisa?
1. Eu disse algumas palavras que poderiam ser mal-interpretadas pelo Éric.	Medir minhas palavras, pensar duas vezes antes de falar.	Evitar que o Éric se sentisse ofendido ou magoado.	Não: mesmo se eu pensar três vezes antes de falar, o Éric pode, apesar de tudo, interpretar mal o que eu disser, pois com frequência ele vê segundas intenções por trás do que as pessoas dizem.	Não: a interpretação do Éric é de total responsabilidade dele.

2. Meu filho está se drogando.	Estar mais presente durante a infância dele.	Evitar que ele fosse pelo caminho errado e se metesse com drogas.	Não: foi ele que decidiu se drogar. O irmão dele nunca mexeu com drogas, embora tenha sido criado nas mesmas condições.	Não: foi ele que decidiu se drogar e é somente ele que pode decidir deixar as drogas. Nesse caso, ficarei ao seu lado para ajudá-lo, não porque me sinto culpado, mas sim porque eu amo o meu filho e quero o seu bem.
3. Eu bati no para-choques do carro do meu vizinho.	Não falar ao celular enquanto estava dirigindo.	Evitar estragar o carro dele.	Sim: quando estou atento, eu controlo meu veículo perfeitamente.	Sim: eu sou 100% responsável pelo que aconteceu.
4. Eu não cumpri uma promessa feita a um amigo.	Ser fiel à minha palavra.	Não degradar o relacionamento.	Não: eu cometi um erro, claro, mas meu amigo pode me perdoar.	Não: eu não sou responsável pelas reações do meu amigo, embora eu deva assumir o fato de não ter honrado minha palavra.

Agora, é com você!

Em toda situação que o deixar culpado, preencha as cinco colunas na ordem certa. A primeira serve para descrever em poucas palavras a situação na qual você sente culpa. A segunda permite destacar o comportamento alternativo que, na sua opinião, deveria melhorar a situação. A terceira serve para estipular como a situação teria melhorado se você tivesse adotado o comportamento alternativo. Uma vez a situação melhorada escrita, analise-a sob o ângulo das responsabilidades envolvidas.

O mais importante de tudo é: será que a mudança esperada depende inteiramente de você? A resposta a essa pergunta ocupa a quarta coluna. A quinta coluna serve para determinar se você é ou não responsável pela situação em questão. Essa coluna é a mais fácil de preencher, já que a resposta sempre é a mesma que aquela já indicada na quarta coluna.

Situação em que eu me sinto culpado	O que eu deveria ter feito	Com que objetivo?	O objetivo visado depende inteiramente de mim?	No fim das contas, será que eu sou responsável por alguma coisa?
1.				

Um último conselho

Ah! Já estava esquecendo!

Muitas situações inacabadas desgastam a nossa vida:

Eu deveria ter-lhe dito...

Eu não deveria ter-lhe emprestado isso...

Se eu tivesse...

Se você se reconhecer nessas frases, então pegue o telefone e marque um encontro com as pessoas envolvidas. E converse de uma vez por todas sobre o que o atormenta!

Assuntos pendentes que eu quero resolver:

-

-

-

-

Isso tira um baita peso das costas, né?

Não, eu não tenho culpa

Caderno de introspecção

NÃO, EU NÃO TENHO CULPA...

- da doença dos meus entes queridos;
- da tristeza dos membros da minha família;
- da orientação sexual do meu filho;
- de não amamentar o meu bebê;
- de largar o parceiro que eu não amo mais;
- da infidelidade do meu cônjuge;
- de pedir o divórcio;
- de voltar a trabalhar e colocar meu filho na creche;
- dos meus talentos e da minha beleza;
- do mau humor dos meus chefes;
-

DESEM-PREGADO

Conclusão

Ninguém está dizendo que o caminho que lhe foi sugerido é fácil de percorrer.

Ele necessita tempo, paciência, coragem e esforço.

Mas dá resultado! Desde que eu comecei a trabalhar com essas ideias, não paro de receber depoimentos de pessoas que conseguiram se libertar de suas culpas dessa maneira.

Não deixe de ler outras obras sobre o tema da culpa e exercitar-se com perseverança. Com certeza você também conseguirá parar de se culpar... e aproveitar a vida plenamente.

Coleção Praticando o Bem-estar
Selecione sua próxima leitura

- ☐ Caderno de exercícios para aprender a ser feliz
- ☐ Caderno de exercícios para saber desapegar-se
- ☐ Caderno de exercícios para aumentar a autoestima
- ☐ Caderno de exercícios para superar as crises
- ☐ Caderno de exercícios para descobrir os seus talentos ocultos
- ☐ Caderno de exercícios de meditação no cotidiano
- ☐ Caderno de exercícios para ficar zen em um mundo agitado
- ☐ Caderno de exercícios de inteligência emocional
- ☐ Caderno de exercícios para cuidar de si mesmo
- ☐ Caderno de exercícios para cultivar a alegria de viver no cotidiano
- ☐ Caderno de exercícios e dicas para fazer amigos e ampliar suas relações
- ☐ Caderno de exercícios para desacelerar quando tudo vai rápido demais
- ☐ Caderno de exercícios para aprender a amar-se, amar e - por que não? - ser amad(a)
- ☐ Caderno de exercícios para ousar realizar seus sonhos
- ☐ Caderno de exercícios para saber maravilhar-se
- ☐ Caderno de exercícios para ver tudo cor-de-rosa
- ☐ Caderno de exercícios para se afirmar e - enfim - ousar dizer não
- ☐ Caderno de exercícios para viver sua raiva de forma positiva
- ☐ Caderno de exercícios para se desvencilhar de tudo o que é inútil
- ☐ Caderno de exercícios de simplicidade feliz
- ☐ Caderno de exercícios para viver livre e parar de se culpar
- ☐ Caderno de exercícios dos fabulosos poderes da generosidade
- ☐ Caderno de exercícios para aceitar seu próprio corpo
- ☐ Caderno de exercícios de gratidão
- ☐ Caderno de exercícios para evoluir graças às pessoas difíceis
- ☐ Caderno de exercícios de atenção plena
- ☐ Caderno de exercícios para fazer casais felizes

- ☐ Caderno de exercícios para aliviar as feridas do coração
- ☐ Caderno de exercícios de comunicação não verbal
- ☐ Caderno de exercícios para se organizar melhor e viver sem estresse
- ☐ Caderno de exercícios de eficácia pessoal
- ☐ Caderno de exercícios para ousar mudar a sua vida
- ☐ Caderno de exercícios para praticar a lei da atração
- ☐ Caderno de exercícios para gestão de conflitos
- ☐ Caderno de exercícios do perdão segundo o Ho'oponopono
- ☐ Caderno de exercícios para atrair felicidade e sucesso
- ☐ Caderno de exercícios de Psicologia Positiva
- ☐ Caderno de exercícios de Comunicação Não Violenta
- ☐ Caderno de exercícios para se libertar de seus medos
- ☐ Caderno de exercícios de gentileza
- ☐ Caderno de exercícios de Comunicação Não Violenta com as crianças
- ☐ Caderno de exercícios de espiritualidade simples como uma xícara de chá
- ☐ Caderno de exercícios para praticar o Ho'oponopono
- ☐ Caderno de exercícios para convencer facilmente em qualquer situação
- ☐ Caderno de exercícios de arteterapia
- ☐ Caderno de exercícios para se libertar das relações tóxicas
- ☐ Caderno de exercícios para se proteger do Burnout graças à Comunicação Não Violenta
- ☐ Caderno de exercícios de escuta profunda de si
- ☐ Caderno de exercícios para desenvolver uma mentalidade de ganhador
- ☐ Caderno de exercícios para ser sexy, zen e feliz
- ☐ Caderno de exercícios para identificar as feridas do coração
- ☐ Caderno de exercícios de hipnose
- ☐ Caderno de exercícios para sair do jogo vítima, carrasco, salvador
- ☐ Caderno de exercícios para superar um fracasso